Género **Fantasía**

Pregunta esencial

¿Qué insectos conoces? ¿En qué se parecen y en qué se diferencian?

Una fiesta increíble

Sarah Hughes
ilustrado por Jason B. Parker

Capítulo 1

La idea

La hormiga reina estaba aburrida. Entonces, pensó en dar una fiesta.

—Será increíble. Escribiré la tarjeta para los invitados —dijo la reina.

Criaturas del bosque,

vengan a la fiesta de la hormiga.

¡Habrá mucha comida!

Croquetas de pasto
Hojas con crema
Avellanas crudas
Postre secreto

La hormiga fue al jardín a repartir las tarjetas.

—¡Será divertido! Cada uno llevará algo para compartir —dijo la reina.

—Yo compartiré mis acrobacias —dijo la araña.

—Yo compartiré miel e intentaré no picarlos —dijo la abeja, entre risas.

—Yo compartiré bellas flores de crisantemo —dijo la mariposa.

El grillo estaba apenado.

—No tengo nada para compartir —dijo.

—Comparte tu talento. ¡Queremos oírte cantar! —contestó la hormiga.

La catarina también tenía un problema.

—Debo leer un libro para la escuela. Creo que no puedo ir —dijo.

—El estudio es importante. Pero ven y te ayudaremos a terminarlo —contestó la hormiga.

Capítulo 2

Todo listo

La hormiga preparó su tarta secreta con relleno cremoso. Miró su reloj. Era tarde y aún tenía mucho por hacer.

—¡Qué problema! Todavía tengo que crear un cartel de bienvenida y muchas cosas más —dijo preocupada.

Entonces, llamó a sus amigos.

—Deben ayudarme. Busquen pinturas, papel, vasos y un micrófono para el grillo, por favor —dijo la hormiga.

A los pocos minutos, sus amigos estaban ahí. Eran un grupo muy unido. Trabajaron juntos y terminaron justo a tiempo.

La fiesta estaba por empezar.

Capítulo 3

La fiesta

El cartel quedó muy elegante. ¡Y era un hermoso día en el bosque! Algunos insectos llegaron volando; otros, caminando y otros, saltando.

Todos estaban muy contentos. Se divertían y bailaban. El grillo ya estaba listo para cantar.

—Cri, cri, cri —afinaba sus alas.

¡Qué hermoso espectáculo musical! El grillo cantó sin esfuerzo. Le bastaba mover sus alas rápidamente para cantar. La fiesta fue maravillosa.

Respuesta a la lectura

Volver a contar

Vuelve a contar *Una fiesta increíble* con tus propias palabras.

Personaje	Pista	Punto de vista

Evidencia en el texto

1. Mira la página 5. ¿Cómo se siente el grillo? ¿Por qué? **Punto de vista**
2. Mira la página 6. ¿Cómo se siente la hormiga? ¿Por qué? **Punto de vista**
3. ¿Cómo sabes que *Una fiesta increíble* es un cuento de fantasía? **Género**

Género No ficción

Compara los textos
Compara las características de los insectos.

Compara insectos

La catarina

Existen millones de insectos. Son criaturas muy interesantes. Las hormigas y las catarinas son insectos. Tal vez creas que las hormigas y las catarinas son muy diferentes, pero tienen mucho en común. Las dos tienen una cabeza, dos ojos y seis patas. Mira las fotos para comparar una catarina con una hormiga reina.

La hormiga reina

¿? Haz conexiones

Mira ambas lecturas. ¿Qué insectos de *Una fiesta increíble* tienen aguijón?

El texto y otros textos

Enfoque:

Ciencias

Propósito Comparar insectos

Paso a paso

Paso 1 Haz una tabla como esta.

Insecto	¿Tiene alas?

Paso 2 Completa la tabla con los nombres de los personajes de *Una fiesta increíble*.

Paso 3 Escribe *sí* si el insecto tiene alas. Escribe *no* si el insecto no tiene alas.

Conclusión ¿Cuáles tienen alas?